AF247240

NOTICE

HISTORIQUE

SUR LES ÉVÉNEMENS

QUI ONT EU LIEU A PARIS

ET DANS QUELQUES DÉPARTEMENS DE FRANCE

PENDANT LES MOIS DE MAI ET JUIN
DE L'ANNÉE 1820.

A LYON,

Chez **J. ROGER**, Grande rue de l'Hôpital, N°. 14.

1820.

NOTICE HISTORIQUE

Sur les Evénemens qui ont eu lieu à Paris
et dans quelques departemens de France
pendant les mois de Mai et de Juin de
l'année 1820.

(Extrait du Moniteur.)

Dans les premiers articles que nous avons publiés
sur les rassemblemens qui ont troublé momentané-
ment la tranquillité de la-capitale, nous nous sommes
attachés aux faits et aux résultats principaux. L'in-
suffisance des premiers rapports sur des faits com-
pliqués , et l'incertitude des récits recueillis au
milieu de l'exaspération des passions, nous faisaient
une loi de la réserve et de la circonspection. Aujour-
d'hui, sans anticiper sur le résultat de l'instruction
judiciaire, nous pouvons offrir à nos lecteurs des
détails plus circonstanciés qui leur feront connaître
l'ensemble et le caractère de ces mouvemens.

Dès les premiers jours du mois de mai , l'autorité
était instruite que l'on projetait de former des rassemblemens autour de la chambre des députés. La
discussion de la loi des élections devait en être le
signal , et déjà on pratiquait des menées auprès des
élèves des deux écoles de droit et de médecine. L'esprit de ces jeunes gens avait été fort échauffé par la
lecture des journaux et des pamphlets ; ils y avaient
puisé une exaltation politique qui , jointe à l'ardeur
de leur âge, les rendait très-propres à servir d'instrumens aux desseins qu'on méditait. Les vues ul-
térieures des meneurs étaient nécessairement subor-
données aux événemens ; mais leur intention évidente
était de créer à côté des chambres une influence
extérieure dont ils disposeraient , et qu'ils espéraient,
à l'aide de leur correspondance dans les départemens,
étendre et propager au point de la rendre menaçante
pour le Gouvernement.

Le premier devoir de l'autorité était d'assurer

l'indépendance des députés. Ainsi , le 14, veille du jour où devait s'ouvrir la discussion , il fut écrit à M. le maréchal duc de Reggio, commandant de la garde nationale de Paris, pour l'inviter à fortifier le poste de la garde nationale au Palais Bourbon , et à lui donner pour commandant un officier sur la sagesse et la fermeté duquel on pût compter. Le même jour , il fut donné avis au doyen de la faculté de médecine des manœuvres employées auprès des étudians pour les associer à des projets de trouble et d'agitation ; on l'invita à prémunir ces jeunes gens contre les dangers auxquels les exposaient des suggestions étrangères , et à les prévenir que dès ce moment ils étaient l'objet d'une surveillance particulière. Le même avertissement fut donné à l'Ecole de droit.

Ces précautions, que l'autorité jugeait convenable de prendre, par suite des avis qu'elle recevait, prouvent assez que ces premiers rassemblemens autour du Palais-Bourbon, que , depuis , on a voulu représenter comme ayant été fortuits, avaient été préparés de longue main ; et que leur commencement , ainsi que la tentative faite plus tard pour y associer les faubourgs, ont été le résultat d'un même plan , combiné d'avance et modifié selon les circonstances.

Ce fut le 16, second jour de la discussion de la loi des élections, que l'on aperçut, pour la première fois, des groupes devant le péristyle du Palais-Bourbon. Ils étaient peu nombreux : on aurait pu croire qu'ils n'étaient composés que de personnes attirées par le désir de connaître le résultat de la séance. Le lendemain , le surlendemain et les jours suivans , ces groupes devinrent progressivement plus nombreux et plus animés ; on commença à y discuter à haute voix sur la loi des élections et sur d'autres sujets politiques. On put observer que , chaque jour , c'étaient à-peu-près les mêmes personnes qui formaient le noyau de ces rassemblemens. Les élèves de l'Ecole de Droit ne s'y montraient pas encore , ou au moins ils y étaient trop peu nombreux pour y être remarqués. Parmi les individus qui péroraient le plus ordinairement, on en distinguait qui paraissaient avoir été jusqu'alors fort étrangers aux matières de législation. C'étaient ceux qui s'exprimaient avec le plus de violence. Certains d'entre eux s'emportèrent jusqu'à dire :

« Si la loi est adoptée par la chambre, les dépar» temens sauront bien la rejeter. »

Cependant, ces groupes n'avaient guère jusques alors fixé que l'attention de l'autorité qui les faisait surveiller. Se formant chaque jour entre cinq et six heures, et se dissipant après la séance, ils se confondaient facilement aux yeux du public et aux yeux des membres de la chambre eux-mêmes, avec la foule qui afflue au moment de la sortie de la séance. Si cette foule pouvait paraître plus considérable que de coutume, cela s'expliquait facilement par l'intérêt qui s'attachait aux discussions.

Mais le 30 et le 31, ces rassemblemens prirent un caractère plus prononcé. Dès les deux heures après midi, l'affluence commençait à être considérable ; les groupes devenaient plus bruyans et plus hardis ; les élèves des Écoles de droit et de médecine s'y montraient en grand nombre. Les noms de plusieurs députés du côté gauche y étaient invoqués au milieu de protestations contre les lois rendues pendant cette session. Le 31, M. de Chauvelin fut reconnu au moment où il se rendait à la séance, et accueilli par des bravos ; quand il sortit, les mêmes acclamations recommencèrent. La proposition fut faite de le porter jusque chez lui ; toutefois on se borna à l'accompagner aux cris de *vive Chauvelin ! vive la Charte !* C'était la première fois que ce dernier cri se faisait entendre comme signe de ralliement.

Le cortége qui se rangea autour de la chaise à porteurs de M. de Chauvelin, se grossit bientôt d'une grande partie des assistans. Il se trouva composé de près de 4 ou 5 cents jeunes gens, lorsqu'il traversa la place Louis XV, la rue Royale et le boulevard, pour se rendre rue Caumartin. Personne ne s'y joignit sur la route. Cette espèce de triomphe décerné à un membre de la chambre était nouveau. Le sentiment qu'il excita le plus généralement fut l'étonnement : cependant il réveillait de trop tristes souvenirs, pour que beaucoup de personnes n'en fussent pas effrayées.

Le 1er. juin , ces scènes ne se renouvelèrent qu'en partie ; le mauvais temps y mit obstacle. M. de Chauvelin , néanmoins, fut encore accompagné jusque chez lui.

Les journaux commençaient à parler de ce qui se passait autour du Palais-Bourbon : ces cris de *vive Chauvelin ! vive la Charte !* étaient le sujet de tous les entretiens ; et il était facile de prévoir que la curiosité publique étant vivement excitée , la foule à la sortie de la séance serait les jours suivans beaucoup plus considérable. D'un autre côté , cette manifestation , au moins extraordinaire , de l'une des deux opinions qui divisaient le public à l'occasion de la loi des élections , devait naturellement appeler la manifestation de l'opinion opposée ; et l'on pouvait craindre qu'il n'en résultât des événemens d'une nature fâcheuse : l'autorité redoubla de surveillance.

Le vendredi 2 juin , les rassemblemens commencèrent au moment où les députés se rendaient à la séance. Les groupes, plus nombreux que les jours précédens, n'étaient plus stationnaires : ils parcouraient la place aux cris de *vive la Charte !* d'autres y répondaient par le cri de *vive le Roi !* C'est ainsi que commença une lutte qui le lendemain devait avoir un caractère plus grave. Il paraît qu'au moment où M. de Chauvelin sortait de la chambre, sa chaise à porteurs fut entourée aux cris de *vive le Roi !* par des jeunes gens qui usèrent de menaces et d'injures pour lui faire répéter le même cri. La présence des patrouilles de la garde nationale et l'intervention des officiers de paix prévinrent les suites que pouvaient avoir les rixes qui commençaient à s'engager.

Aussitôt que l'autorité fut informée de l'insulte qu'on disait avoir été faite à M. de Chauvelin , une enquête judiciaire fut ordonnée. Deux substituts de M. le procureur du Roi se rendirent chez lui , à l'effet de recevoir sa déclaration ; mais il refusa de donner les éclaircissemens qu'on lui demandait. Les motifs qu'il a allégués depuis pour expliquer ce refus, sont connus du public.

Les passions continuant à s'exalter , on devait craindre des scènes plus fâcheuses pour le lendemain,

Les moyens de répression que l'autorité avait jusques-
là tenus en réserve furent mis en évidence et doublés.
Plusieurs commissaires de police, un grand nombre
d'officiers de paix et de forts piquets de gendarmerie
occupèrent, dès le matin, les environs du Palais-
Bourbon. Les ordres les plus précis de faire respecter
le caractère des députés furent donnés. Ces précautions ne furent que trop justifiées par l'événement.
Les provocateurs de désordres avaient redoublé d'audace. Aux menées secrettes avaient succédé des provocations publiques. Des placards avaient été affichés
aux Écoles de droit et de médecine, pour inviter
les élèves à se rendre sur la place de Louis XV. Le
nombre de ceux qui répondirent à cet appel fut
considérable. D'un autre côté, les jeunes gens qui,
la veille, avaient répondu par les cris de *vive le Roi* !
aux cris de *vive la Charte* ! s'étaient renforcés. On y
reconnaissait beaucoup de jeunes gens appartenant
à des corps militaires, qui, entraînés par un faux
point d'honneur, se mêlaient à des désordres
que l'autorité était seule appelée à réprimer. Tous
étaient armés de cannes. Leur exaltation réciproque
était extrême. Les cris de *vive le Roi* ! répétés par
un grand nombre de spectateurs, couvrirent bientôt
tous les autres. Les jeunes gens d'opinions opposées
s'étaient formés en groupes séparés, qui se heurtaient,
s'injuriaient, et se livraient à des voies de fait. Plusieurs citoyens tranquilles furent menacés et frappés.
Dans l'irritation des esprits, des cris coupables,
exclusifs de ce qui doit être sacré pour tous les
Français, *le Roi* et *la Charte*, furent prononcés ;
et au milieu de ce tumulte plusieurs députés qui
sortaient de la séance virent leur caractère méconnu,
et furent exposés à des insultes qui devenaient d'autant plus graves qu'elles étaient dirigées contre des
membres de la chambre.

Dans ces désordres, le rôle des agens de l'autorité
devait se borner à s'interposer entre les agitateurs,
à se rendre maîtres des plus violens, quel que fût le
cri qu'ils poussassent, et à rétablir autant que pos-
sible l'ordre, sur tous les points où il était troublé.
La gendarmerie, qui paraissait pour la première fois
au milieu de ces rassemblemens, montra un sang-

froid et une prudence au-dessus de tout éloge, C'est un témoignage qu'elle n'a cessé de mériter.

Nous nous sommes arrêtés sur ces événemens du vendredi et du samedi, parce que ce sont les seuls jours où deux opinions opposées se sont montrées en présence. Une seule avait régné dans les rassemblemens précédens : elle avait commencé à s'y montrer intolérante : dans les rassemblemens qui suivirent, elle prit un caractère évidemment séditieux.

Cependant, la journée du samedi n'était pas finie. La foule devenant à chaque instant plus considérable, on dut fermer les Tuileries et faire évacuer la place Louis XV. Cette foule s'écoula par les quais et par la rue de Rivoli, en poussant des cris de *vive la Charte!* mais des groupes commencèrent à se reformer sur la place du Carrousel. Un événement bien funeste devait être la suite de cette obstination. Une des patrouilles chargées de disperser ces rassemblemens, avait arrêté un jeune homme qui se faisait remarquer par la violence de ses discours. Ses camarades parvinrent à l'arracher des mains des soldats. Dans cette lutte, un coup de fusil fut tiré, et blessa un élève en droit nommé Lallemand, qui mourut quelques heures après des suites de sa blessure. Un accident aussi déplorable fit une impression profonde ; ce fut comme un nouveau jour jeté sur les événemens précédens. Ce qui n'avait paru qu'imprudent prit un autre caractère, et les esprits les plus inattentifs commencèrent à comprendre tout ce qu'il y avait de grave et de dangereux dans des réunions tumultueuses, qui pouvaient amener d'aussi fatales conséquences.

Jusques-là, les devoirs des magistrats chargés de veiller à la sûreté de la capitale, avaient été difficiles. La nature de notre Gouvernement et une certaine susceptibilité dans les esprits particulière à l'époque où nous vivons, répugnent à toute mesure préventive dont la nécessité n'est pas rigoureusement démontrée ; et malheureusement cette nécessité n'est jamais démontrée que lorsqu'une partie des événemens que l'on aurait voulu prévenir, est accomplie. Sous d'autres rapports, le lieu où s'étaient formés les premiers rassemblemens, le motif qui leur était assigné, le cri derrière lequel les agitateurs semblaient chercher une sauve-garde, commandaient une grande réserve à l'autorité. A une époque où l'exaspération de l'esprit de parti ouvrait l'accès à toutes les méfiances et à toutes les calomnies, les mesures que l'autorité chargée de la police eût prise pour assurer la tranquillité dans le voisinage de la chambre, auraient pu recevoir une interprétation différente. Il est des esprits ombrageux au-dedans comme au-dehors de la chambre, qui n'auraient pas manqué de voir dans l'emploi de la force armée si près de ses séances, non pas un moyen d'en assurer la parfaite indépendance, mais un système d'influence et de compression illégale. L'autorité dut donc, dans le principe, se borner à des moyens de surveillance et de précaution qui ne pussent alarmer personne.

Mais le moment de l'incertitude était passé. Les rixes qui avaient eu lieu le vendredi, celles qui s'étaient renouvelées le samedi, le nombre et la violence des attroupemens, enfin le fatal accident de la soirée, avaient porté dans tous les esprits la conviction des dangers qui menaçaient la tranquillité publique. Dès lors, les devoirs de l'autorité furent tracés d'une manière invariable. Elle dut employer tous les moyens en son pouvoir pour dissiper, même par la force, les attroupemens qui pourraient tenter de se reformer. M. le préfet de police rendit, à cet effet, une ordonnance, qui fut affichée le dimanche matin dans tous les quartiers de Paris.

Après avoir rappelé dans cette ordonnance les lois contre les attroupemens, et les peines encourues par ceux qui, après la sommation qui leur en aurait été faite, refuseraient de se séparer, M. le préfet de police enjoignait à tous les officiers de justice de dissoudre tous les rassemblemens qui chercheraient à se former, notamment dans les environs du Palais-Bourbon, les autorisant à requérir et à employer la force militaire, si cela devenait nécessaire, pour que force restât à la loi. D'un autre côté, pour prévenir toute occasion de rixes individuelles, les officiers des différens corps eurent ordre de ne sortir qu'en uniforme et de se tenir à la portée de leurs quartiers.

Cependant, il résultait de plusieurs rapports que l'on cherchait à exciter de la fermentation dans les faubourgs. Le dimanche, ces rapports devinrent plus précis; ce jour de repos semblait favoriser les desseins des agitateurs, et il leur importait de profiter immédiatement des événemens de la veille. Les séductions à l'aide desquelles on avait égaré la jeunesse des Écoles, n'étaient pas à la portée des ouvriers et des hommes du peuple; la malveillance en trouva de mieux adaptées à leur intelligence et leurs passions. Il n'était question, dans les faubourgs, ni de la Charte, ni de la loi des élections; mais on y entretenait le peuple de ce qui s'était passé sur les places Louis XV et du Carouzel; tous les faits étaient présentés sous le jour le plus faux et le plus odieux; comme aux premiers jours de la révolution, on y prêtait des propos atroces aux commandans de la force armée; et, à l'aide de calomnies aussi absurdes que coupables, on cherchait à exciter l'indignation de la multitude contre les dépositaires de l'autorité.

Quoique ces tentatives des agitateurs pour associer le peuple à leurs projets, n'eussent répondu que très-imparfaitement à leur attente, elles n'avaient pas été entièrement infructueuses, et dès le lendemain, on put remarquer dans les groupes et les rassemblemens, des ouvriers et des hommes qui jusquà'lors ne s'y étaient pas montrés. Le lundi 5 juin, le rassemblement sur la place Louis XV fut très-nombreux; il était facile de voir au premier aspect que déjà il n'était plus composé des mêmes élémens que ceux des jours précédens. Ce rassemblement faisait entendre les cris de *vive la Charte! vive la liberté!* Quelques cris séditieux ou injurieux pour la famille royale étaient, comme les jours précédens, proférés au milieu de cette foule, mais isolément. Le cri de *vive l'Empéreur!* se fit aussi entendre.

Aucun des individus qui formaient cet attroupement ne pouvait ignorer l'ordonnance de M. le préfet de police; néanmoins, toutes les sommations et les exhortations des officiers de paix furent inutiles; la gendarmerie même ne put parvenir à les disperser; il fallut recourir à la force militaire. La cavalerie, qui reçut l'ordre de faire évacuer la place, l'éxécuta avec autant de prudence que de modération. C'est au pas qu'elle s'avança au milieu de cette foule qui l'assaillait par des injures ; des pierres même furent lancées. Par cette manœuvre, le rassemblement se trouvait coupé en deux parties. L'une fut rejetée sur les quais ; l'autre, qui était la plus considérable et qu'on peut évaluer à 12 ou 1500 personnes, se replia, avec une sorte de régularité, par la rue Royale, sur le boulevard. Sa marche était évidemment dirigée par des hommes qui avaient l'habitude des mouvemens militaires, et qui, marchant à la tête de cette foule, lui imprimaient une sorte d'ordre et une direction commune. Ce rassemblement suivit, sans s'arrêter ni se désunir, toute la longueur du boulevard, depuis la Magdeleine jusqu'au faubourg Saint-Antoine. La cavalerie le suivait à peu de distance, au pas et avec une patience que rien ne put lasser. Ceux qui connaissent l'effet de la cavalerie savent qu'une charge de 50 dragons eût suffi pour disperser cette foule ; mais il en fût résulté beaucoup d'accidens, et c'est ce que l'on voulait, par-dessus toutes choses, éviter.

Arrivés à la porte Saint-Antoine, ces séditieux, car il n'est plus permis de leur donner un autre nom, ayant résisté à toutes les sommations légales qui leur avaient été faites, entourèrent le corps-de-garde de la gendarmerie aux cris de *vive la Charte !* et voulurent forcer la sentinelle à répéter ce cri ; un des plus furieux lui porta même un coup de conteau, qui heureusement fut détourné. L'approche de la cavalerie délivra ce gendarme de leurs mains. Alors ils se répandirent dans le faubourg, en criant : *Mes amis, nous venons fraterniser avec vous, n'ayez pas peur ; vive la Charte ! vive la liberté ! à bas les troupes !* Pour toute réponse, les habitans fermaient en toute hâte leurs boutiques, et se retiraient chez eux. Quelques ouvriers restaient seuls en dehors, comme spectateurs. Il était temps de faire cesser ces désordres, qui n'auraient pu se prolonger plus long-temps sans compromettre la sûreté de ce quartier populeux. L'ordre fut donné de disperser ce rassemblement ; cet ordre fut exécuté sans qu'il en résultât aucun accident grave ; trente-cinq de ceux qui en faisaient partie furent arrêtés.

Ce mouvement sur le faubourg Saint-Antoine expliquait les menées que l'on avait signalées. S'il

eût pu exister des doutes sur l'ensemble et la com-
binaison de tous ces mouvemens, une autre circonstance de la journée du 5 eût suffi pour les lever. La
partie du rassemblement de la place Louis XV, qui
avait été rejetée sur la rivière, s'était partagée en
groupes isolés, que des patrouilles de cavalerie
faisaient replier devant elles. Ces groupes suivaient
les deux quais. Arrivés à la hauteur de la place de
Grève, ils se réunirent; et, formés en une seule
masse, ils prirent également la direction du faubourg,
où ils seraient arrivés presqu'en même temps que
ceux qui y marchaient par le boulevard, si le che-
min ne leur en eût pas été fermé par des détachemens
de cavalerie, qui les dispersèrent.

Tandis que le rassemblement, qui s'était formé
sur la place Louis XV, se portait ainsi par des
routes opposées, sur le faubourg Saint-Antoine, des
groupes isolés cherchaient à faire une diversion dans
les environs du Palais-Royal. Des provocations eurent
lieu, quelques désordres furent commis; mais de
nombreuses patrouilles de gendarmerie parvinrent
assez promptement à rétablir l'ordre. L'alarme fut
assez vive pendant quelques instans pour que toutes
les boutiques de la partie des rues de Richelieu et
Saint-Honoré, qui touche au Palais-Royal, fussent
aussitôt fermées. Une circonstance particulière aux
groupes qui se montrèrent dans ce quartier, c'est
que l'un d'eux avait arboré un drapeau rouge. Ce
signe de ralliement ne s'est montré sur aucun autre
point.

Le lendemain 6, l'autorité redoubla de précautions; les postes militaires furent multipliés; des
patrouilles de la garde nationale et de la gendarmerie
parcoururent tous les quartiers populeux. Plusieurs
agitateurs qui répandaient des nouvelles alarmantes
furent arrêtés dans la matinée. Le rassemblement se
forma, comme les jours précédens, sur la place
Louis XV. Il paraissait renforcé par un certain nombre de gens sans aveu et d'individus couverts de hail-
lons, qui se montraient pour la première fois dans
ces attroupemens. Toutes les sommations des officiers
de justice furent inutiles. Ces hommes égarés opposèrent une obstination qui nécessita l'emploi de la

force militaire ; et , malheureusement ; quelques personnes paraissent avoir été blessées par le mouvement des troupes. Cependant un seul accident de quelque gravité se trouve constaté. Au surplus, la manœuvre fut la même que la veille. L'attroupement se replia devant la force armée, et se dirigea sur le faubourg Saint-Antoine, où il se dispersa sur les onze heures du soir, après avoir renouvelé ses tentatives avec aussi peu de succès que la veille.

Le 7, jour de l'exécution de Louvel, les rassemblemens parurent suspendus. Seulement le soir, vers les neuf heures, environ deux cents hommes ou enfans de la dernière classe du peuple, parcoururent le boulevard Poissonnière, en proférant des blasphêmes et des cris séditieux. Ils assaillirent à coups de pierres une patrouille de la garde nationale, et ne se dispersèrent qu'à l'approche de la gendarmerie. Trois des gardes nationaux reçurent des meurtrissures assez graves.

Une nouvelle ordonnance avait rappelé aux habitans de Paris les dispositions du Code pénal contre les attroupemens, et les dangers auxquels s'exposaient ceux qui se trouveraient dans ces réunions illégales, après les sommations des officiers de justice.

Tout en adoptant les mesures de répression et de sévérité devenues nécessaires, l'autorité ne négligeait aucun des moyens de persuasion qui pouvaient les rendre inutiles. Les deux premiers magistrats de la ville, M. le préfet du département et M. le préfet de police, firent paraître une adresse aux Parisiens, dans laquelle, après les avoir félicités sur l'honorable conduite qu'ils avaient tenue les jours précedens, il les invitaient à s'éloigner des réunions tumultueuses que les malveillans pourraient encore former. MM. les maires, leurs adjoints, les juges de paix, les notables de chaque arrondissement, furent invités à user de leur influence sur les classes ouvrières, pour y déjouer les menées de la malveillance, et y porter des paroles de calme et de vérité. On ne peut douter de l'heureux résultat du zèle de tant de citoyens honorables. La part qu'ils ont eue au prompt rétablissement de la tranquillité, pour être de nature à demeurer secrète, n'en mérite pas moins la reconnaissance publique.

Rebutés par deux tentatives, les meneurs renoncèrent aux rassemblemens de la place Louis XV et à leurs mouvemens sur le faubourg Saint-Antoine. A dater du 8, les efforts de la malveillance se concentrèrent entre la porte St.-Denis et la porte St.-Martin. Cet endroit, qui est tous les jours un lieu de rassemblement pour les ouvriers après l'heure de leur travail, et où aboutissent plusieurs rues populeuses, était bien choisi. Il paraît qu'on était parvenu à égarer un certain nombre d'ouvriers par des moyens qui ne sont pas encore parfaitement connus. Le 8, à neuf heures du soir, ils se montrèrent sur le boulevard ; beaucoup étaient armés de bâtons ferrés ; ils se formèrent en groupes au cri de *vive la Charte*! Ces groupes se grossirent bientôt d'une foule de jeunes gens que le voisinage des spectacles attire, d'enfans et de gens sans aveu. Cet attroupement, ainsi composé, présentait un caractère alarmant pour les propriétaires ; aussi, à son approche, les boutiques se fermaient, et chacun se retirait chez soi, pour veiller à sa sûreté. Cette foule, en parcourant le boulevard, faisait entendre des cris séditieux, obscènes ou ridicules ; mais le cri de *vive la Charte*! qui avait été donné pour mot de ralliement, dominait. C'était un spectacle triste de voir cette multitude rassemblée sans autre lien commun que des motifs cupides ou honteux, et poussant, par intervalle, un cri qu'elle ne comprenait pas. Les étudians, qui avaient donné les premiers l'exemple de ces rassemblemens, ne s'attendaient pas à avoir si promptement de pareils remplaçans. Cependant, plusieurs piquets de gendarmerie et de garde nationale étaient accourus pour protéger les propriétés et dissiper les attroupemens ; mais tous leurs efforts furent inutiles, et les séditieux ne se dispersèrent qu'à la vue de quelques escadrons de cavalerie, qui arrivaient au trot sur le boulevard.

Les meneurs étaient parvenus à exciter un mouvement populaire ; ce succès les encouragea, et ils redoublèrent d'efforts. Deux rendez-vous furent assignés pour le lendemain, 9 juin, l'un sur la place de l'Estrapade pour se porter de là au faubourg St.-Marceau, et l'autre sur les boulevards St.-Denis et St.-Martin.

L'autorité, qui surveillait avec une nouvelle activité ces menées des agitateurs, était instruite de leurs projets, et prit des mesures en conséquence. Des forces militaires considérables furent placées autour de la place de l'Estrapade, et échelonnées de manière à pouvoir, au besoin, en fermer toutes les issues, ce qui eût donné le moyen de s'emparer sans coup férir de tous ceux que la malveillance aurait pu y rassembler; mais, soit que les meneurs fussent intimidés par ces dispositions, soit qu'ils n'eussent, la veille, assigné un double rendez-vous que pour donner le change à l'autorité, et diviser ses forces et sa vigilance, personne ne parut sur ce point. L'attroupement du boulevard se forma, comme la veille, vers les neuf heures du soir. Composé presque entièrement d'individus de la dernière classe du peuple, il poussait des vociférations qui répandaient l'alarme depuis le boulevard Poissonnière jusqu'au faubourg du Temple. Toutes les boutiques du boulevard et des rues adjacentes furent aussitôt fermées. La gendarmerie, qui s'était portée sur ce point, fut long-temps insultée et enfin assaillie à coups de pierres. Deux gendarmes furent assez grièvement blessés.

Des avis de ce qui se passait furent transmis à M. le lieutenant-général comte Defrance, commandant la première division militaire, qui sur-le-champ se porta sur le boulevard, et dirigea en personne le mouvement des troupes.

Toutes les sommations, exhortations, menaces, démonstrations militaires, qui furent employées pour obtenir la dispersion des séditieux, ayant été inutiles, il fallut se résoudre à employer la force. Les séditieux résistant à toutes les injonctions, et continuant à vociférer, en lançant des pierres, on fut obligé de les disperser en envoyant contre eux successivement différens pelotons, qui les dispersèrent à mesure qu'ils s'attroupaient de nouveau.

Des cris séditieux de toute nature se faisaient entendre. On a remarqué ceux de *Vivent nos frères de Manchester! à bas les chambres! à bas les royalistes! à bas les émigrés! à bas les mission-*

naires ! à bas les dragons ! à bas les cuirassiers ! Des
cris de *vive l'Empereur !* furent aussi proférés.

Les cuirassiers chargés de dissiper ces attroupemens ont montré beaucoup de prudence et de sang-
froid. Cependant il était impossible que dans la con-
fusion d'une pareille scène, au milieu de l'obscurité,
du choc des hommes et des chevaux, il n'y eût pas
de malheurs à déplorer. Ils ont été heureusement
moins considérables qu'on ne l'avait supposé d'abord.
Il est avéré aujourd'hui que la vie d'un seul homme
est à regretter. Le nommé Gravelot, garçon cor-
royeur, a été atteint d'un coup de pointe de sabre qui
le priva sur-le-champ de la vie. Quelques autres
personnes ont été plus ou moins grièvement blessées ;
deux seulement ont été portées à l'hôpital.

M. le duc de Reggio, qui s'était rendu sur les lieux
pour diriger en personne la garde nationale, a été
renversé et a reçu un coup de pied de cheval. Cet
accident, qui a été pour M. le maréchal une nouvelle
occasion de recevoir des témoignages de l'intérêt du
Roi, des princes et de la garde nationale qu'il a
l'honneur de commander, n'a heureusement eu
aucune suite fâcheuse.

Ainsi se terminèrent les événemens du 9 juin, les
derniers dont nous ayons à rendre compte. Le lendemain, l'autorité crut devoir faire un grand déve-
loppement de forces militaires. Il s'agissait non-
seulement d'être en mesure de dissiper tous attroupemens séditieux, mais de les prévenir, mais de les
rendre impossibles, et de rétablir le calme et la sûreté
dans cette partie de la capitale qui depuis deux
jours en était privée. Des corps nombreux de cavalerie et d'infanterie occupèrent le boulevard, depuis
la rue Poissonnière jusqu'à la porte Saint-Martin ;
toutes les rues adjacentes furent occupées par des
détachemens de la garde nationale et des légions de la
garnison ; des patrouilles de gendarmerie circulaient
dans tous les sens. Cet appareil militaire, où la plus
grande partie de la garnison se trouvait employée,
imposa aux séditieux. Quelques cris isolés furent
encore entendus ; quelques groupes même voulurent
se former dans les rues basses du quartier Saint-
Martin et sur le boulevard près la rue du Temple,

mais ils se dissipèrent aux premières sommations.

Le jour suivant, qui était un dimanche, les mêmes précautions furent prises ; elles furent inutiles ; il n'y eut ni cris ni rassemblemens. Depuis, la tranquillité n'a plus été troublée.

Ces désordres, qui ont commencé par les élèves de l'École de droit , et fini par la populace , ont pour ainsi dire réuni en quelques jours les deux phases principales de notre révolution. Entre les premiers rassemblemens du Palais-Bourbon, où les esprits s'exaltaient pour des idées spéculatives, et les attroupemens de la porte Saint - Martin , où des hommes du peuple , armés de bâtons , vociféraient contre la force publique et convoitaient l'or des boutiques, il y a la même distance qu'entre 89 et 93. La brusque rapidité avec laquelle ces deux mouvemens se sont succédé, prouve que ni l'un ni l'autre n'avaient de racines dans l'état actuel des choses. Tous deux ont été fomentés ; les moyens ainsi que les instrumens ont seuls différé.

Pendant les dix jours qu'ont duré ces scènes tumultueuses , un grand nombre d'arrestations a eu lieu. Nous nous sommes abstenus de nommer aucune des personnes arrêtées. C'est aux poursuites judiciaires seules à signaler les coupables. Nous pouvons cependant rapporter, comme un fait de notoriété publique, que l'on a vu dans les groupes les plus tumultueux , des hommes que leur position dans la société semblait devoir en éloigner.

Dans ces journées difficiles, où le Gouvernement s'est trouvé constamment placé entre le devoir de maintenir l'ordre , et les ménagemens commandés par l'humanité envers des hommes égarés, il a été parfaitement secondé par le dévouement des citoyens, la fermeté des magistrats et la discipline des troupes. Tous ont reçu la récompense de leur zèle dans l'approbation que le Roi, suprême appréciateur des devoirs de chacun , a donnée à leur conduite.

En rendant compte des rassemblemens qui ont eu lieu à Paris, nous avons dit que l'intention évidente des premiers moteurs de ces mouvemens avait été « de créer à côté des chambres une influence

» extérieure dont ils disposeraient , et qu'ils espé-
» raient , à l'aide de leur correspondance dans les
» départemens , étendre et propager au point de la
» rendre menaçante pour le Gouvernement. » Ce
qui s'est passé simultanément sur plusieurs points
de la France démontre la vérité de cette observa-
tion. Tous les mouvemens qu'on a cherché à exciter
ont présenté le même caractère, et ont eu une impulsion commune. Par-tout la jeunesse, et particu-
lièrement la jeunesse des Ecoles, a donné le signal ;
et si dans quelques endroits elle a trouvé des auxi-
liaires , ce n'est que dans les hommes des classes
ignorantes et nécessiteuses, dont la présence dans
les attroupemens est toujours alarmante pour la pro-
priété , quel que soit le cri qui leur serve de ralliement.

A Rennes , le 8 juin , à la réception des nouvelles
de Paris , trois ou quatre cents jeunes gens, pour la
plupart étudians en droit ou en médecine , se réunirent sur *la place aux Arbres* , et poussèrent , des cris
de *vive la Charte* ! *vive la Constitution* ! quelques-
uns y ajoutaient le cri de *vive le Roi* ! Ce rassemblement se dispersa de lui-même vers les neuf heures
du soir ; mais le lendemain il se renouvela avec des
circonstances plus graves. Vers les huit heures et
demie , au moment où la retraite allait battre , on
vit affluer sur la place une foule considérable de
jeunes gens qui excitaient les femmes , les enfans
et les gens du peuple , à crier comme eux : *Vive la
Charte* ! Les parapets qui bordent la place étaient
couverts d'ouvriers , la plupart armés de bâtons ,
qui faisaient cause commune avec ces jeunes gens.
Il est probable que les hommes du peuple qui ont
pris une part active à ces rassemblemens avaient
été payés ; du moins plusieurs dépositions et l'aveu
même de deux ouvriers paraissent l'attester. Des cris
menaçans ou injurieux pour l'autorité furent proférés , et ce ne fut qu'avec beaucoup de peine que les
commissaires de police , secondés par la gendarmerie,
parvinrent à dissiper cette réunion tumultueuse.

Le lendemain ces désordres recommencèrent à la
même heure. Cependant M le maire de Rennes avait
fait afficher une ordonnance de police pour rappeler

à ses concitoyens les lois contre les attroupemens, et les peines qu'encourent ceux qui, après la sommation qui leur en est faite par un officier de justice, refusent de se séparer. Nonobstant cet avertissement, les jeunes gens qui continuaient à diriger ce mouvement, et auxquels se mêlaient, comme la veille, plusieurs individus de la dernière classe du peuple, résistèrent à toutes les sommations. Il fallut recourir à la force militaire ; plusieurs piquets de gendarmerie et de chasseurs à cheval eurent ordre de disperser ces séditieux, ce qui fut exécuté sans qu'il en résultât d'accident. Cette fermeté de l'autorité devenait d'autant plus nécessaire, que le peuple de la basse ville, connu par son dévouement au Roi, ainsi qu'un nombre considérable d'habitans d'autres quartiers, révoltés des scènes des jours précédens, commençaient à se réunir sur la place de l'Hôtel-de-Ville, et annonçaient l'intention de faire eux-mêmes justice des agitateurs. Douze ou quinze individus qui s'étaient fait remarquer par leur violence dans les différens rassemblemens, furent arrêtés d'après des mandats décernés par M. le procureur du Roi. Dans ce nombre se trouvent plusieurs étudians. Ces mesures, jointes aux nouvelles de Paris, qui devenaient chaque jour moins favorables aux partisans du désordre, ont suffi pour rétablir le calme.

Tandis que ceci se passait à Rennes, les villes de Brest et de Nantes étaient le théâtre d'événemens à-peu-près semblables. C'est le 9 que l'agitation commença à se manifester à Brest. Le premier rassemblement n'était composé que d'une trentaine de jeunes gens appartenant à la classe aisée, qui parcouraient les rues en criant : *Vive la Charte* ! *vive le Roi* ! *vive le côté gauche* ! Le lendemain ce rassemblement se reforma à l'entrée de la nuit *sur le Champ de bataille* ; le nombre en était considérablement accru ; il n'y avait pas moins de trois ou quatre cents individus ; beaucoup de gens du peuple y étaient mêlés. A toutes les instances que le maire ne cessa de faire auprès des jeunes gens qui étaient à la tête de cet attroupement, pour les engager à se séparer, ceux-ci répondaient : « Nous sommes ici pour exprimer « notre opinion : puisqu'on rejette nos pétitions, nous

» n'avons pas d'autre moyen, et dans toute la France » aujourd'hui on s'exprime de la même manière. » Ce propos décèle assez le plan général d'après lequel agissaient les meneurs, et les espérances coupables qu'ils étaient parvenus à faire partager à cette jeunesse égarée. Le 11, quelques arrestations eurent lieu, et le maire prit un arrêté pour défendre les rassemblemens. Toutefois le 12, un attroupement de 1000 à 1200 individus, composé presqu'entièrement de femmes, d'enfans, d'ouvriers et de gens sans aveu, se mit à parcourir les rues en criant avec fureur : *Vive la Charte! Rendez-nous les prisonniers!* Quelques cris séditieux et des paroles outrageantes pour les magistrats furent aussi proférés. Les jeunes gens arrêtés n'étaient pas de la classe du peuple, et étaient tout-à-fait inconnus à ceux qui demandaient leur liberté ; aussi personne ne doute que ces malheureux n'aient été mis en mouvement par l'influence d'hommes qu'on aurait dû croire plus intéressés à maintenir l'ordre public qu'à le troubler. Les magistrats de la ville, secondés par la présence d'un bataillon de la légion de Lot-et-Garonne, parvinrent à empêcher de plus grands excès en dispersant la foule. Cet attroupement si différent de ceux des jours précédens, avait effrayé tout le monde, et l'alarme avait gagné ceux-mêmes qui probablement l'avaient fomenté ; et, dès le lendemain M. le maire trouva, dans les hommes de toutes opinions, une grande disposition à seconder ses efforts pour prévenir de nouveaux désordres. La garde nationale offrit ses services, et a contribué avec zèle au rétablissement de la tranquillité. Le maire a montré dans cette circonstance beaucoup de fermeté et de dévouement.

A Nantes, les menées de la malveillance pour créer des rassemblemens ont eu un succès moins prompt; ce n'est que le 14, après l'arrivée de plusieurs émissaires venus de Rennes, que cinquante ou soixante jeunes gens se réunirent tumultueusement sur la place Graslin, aux cris méthodiquement alternés de *vive la Charte! vive le Roi!* Ce premier rassemblement se grossit bientôt de plusieurs autres jeunes gens et d'un nombre considérable de curieux attirés par la nouveauté du spectacle. Le maire se rendit

sur cette place, et somma ceux qui y étaient ras-
semblés de se disperser. Le plus grand nombre obéit;
mais plusieurs jeunes gens se réunirent et parcoururent les rues de la ville aux cris de *vive la Charte!*
vive la liberté!

L'autorité était instruite que les agitateurs se répandaient parmi les classes ouvrières, et cherchaient
à les associer à leurs projets. Dès le lendemain, des
ouvriers et des hommes du peuple, particuliérement
des faubourgs, se montrèrent dans le rassemblement
qui se forma comme la veille sur la *place Graslin.*
Un arrêté contre les attroupemens avait été affiché
le matin. Cependant, le maire, ne voulant employer la force militaire qu'à la dernière extrémité,
se présenta au milieu des attroupemens pour en
obtenir la dispersion par la voie de la persuasion; mais
tous ses efforts unis à ceux des officiers de police ne
purent y réussir. Cet attroupement continua jusqu'à
dix heures et demie, et se répandit ensuite dans les
différens quartiers de la ville, en poussant des cla-
meurs dont plusieurs étaient évidemment coupables.

On dut être convaincu que les ménagemens dont
on avait usé jusqu'alors n'avaient fait qu'accroître
l'audace des factieux, et que le déploiement des forces
militaires pouvait seul mettre fin à ces désordres : en
conséquence, le 16 au matin, des mesures de répression furent convenues dans une réunion des
principaux fonctionnaires publics.

La gendarmerie à cheval fut renforcée de 45
hommes tirés des brigades voisines; elle fut disposée
avec la légion de la Dordogne sur les différens points
où les rassemblemens s'étaient montrés la veille. Des
postes de réserve furent occupés par la garde nationale.

Malgré ces dispositions ostensibles, un rassemblement plus nombreux et composé d'élémens plus alar-
mans que ceux des jours précédens, ne tarda pas à se
former; à huit heures et demie, des vociférations
furieusses se firent entendre aux deux extrémités de
la place et à l'entrée des rues qui y aboutissent. M.
le maire, accompagné de deux trompettes et des officiers de police, se présenta devant ces divers attroupemens, et les somma par trois fois de se disperser.

Quelques personnes obéirent ; mais le plus grand
nombre résista. Alors la gendarmerie et l'infanterie
se mirent en mouvement et firent évacuer la place et
les rues adjacentes. Sur quelques points les séditieux
opposèrent une résistance assez prolongée, sans que
toutefois, dans ces différentes luttes, on ait à regretter aucun accident de quelque gravité. Quinze
des plus opiniâtres ont été arrêtes. Depuis, la tranquillité n'a plus été troublée.

A Lorient et à Vitré, des commencemens de tentatives semblables ont eu lieu ; mais ils n'ont été
suivis d'aucun résultat. A Vitre on a affiché, dans
la nuit du 9 au 10 juin, trois placards écrits à la main
contenaut une prétendue relation des événemens
arrivés à Paris le 5, et qui n'est autre chose qu'un
tissu de mensonges et de calomnies atroces dirigées
contre le Gouvernement et les troupes de S. M. Ce
qui est remarquable, c'est que cette prétendue
relation a beaucoup de rapports avec celles qui sont
parvenues à peu-près à la même époque à Nîmes, à
Grenoble, et dans plusieurs autres villes.

Dans les trois départemens qui ont été le théâtre
de ces événemens, les autorités civiles et militaires
ont montré la prudence et la fermeté qu'exigeaient
les circonstances. La discipline des troupes a été
parfaite.

Il est facile de reconnaître, dans la coïncidence
des mouvemens des villes de la Bretagne et la
marche analogue qu'ils ont suivie, une impulsion
commune. Cette impulsion a pu se rattacher à des
débris d'affiliations nées dans des temps malheureux,
et dont les liens n'ont peut-être jamais été entièrement rompus. De-là, la malveillance a pu conce-
voir l'idée d'en resserrer les nœuds, et de s'en
faire un moyen d'attaque ou de résistance contre
le Gouvernement. Cet espoir coupable sera déçu.
Ces affiliations ont pu naître dans une province
long-temps ravagée par la guerre civile, et à des
époques où l'autorité publique, trop faible ou trop
passionnée pour offrir à tous sûreté et protection,
laissait aux intérêts qui se croyaient menacés le
besoin de se coaliser pour se défendre ; mais l'action
régulière et légale d'un Gouvernement légitime,

rend ces sortes de ligues impossibles, en même temps
qu'elles deviennent sans objet. Des bruits menson-
gers, des alarmes simulées, ne sauraient prévaloir
contre la sécurité qui résulte du fond même des
choses.

Sur tous les autres points de la France le mouvement imprimé de Paris s'est renfermé dans l'en-
ceinte des Écoles ou dans les lieux de réunion de
la jeunesse. Seulement à Poitiers un certain nombre d'étudians en droit, auxquels s'étaient joints
quelques jeunes gens de la ville, ont aussi voulu
parader dans les rues aux cris de *vive la charte!*
vive la liberté! Mais l'apparition de patrouilles de
gendarmerie, et l'arrestation de quatre des agitateurs, ont fait tout rentrer dans l'ordre.

A Lyon, quelques jeunes gens du parterre se sont
avisés, après une représentation de *Marie Stuart*, de
pousser des cris de *vive la Charte* ! — *Vous nous
ennuyez*, s'est écrié quelqu'un, *allons nous coucher*.
Le public a ri de l'à-propos, et chacun s'est empressé
de suivre ce conseil. Au surplus, les chefs des principales maisons de commerce et de manufactures de
Lyon ont pris une détermination qui doit concourir
efficacement au maintien de la tranquillité publique.
Ils ont notifié à tous les jeunes gens employés dans
leurs comptoirs et leurs ateliers, qu'ils eussent à
s'abstenir, sous peine d'être renvoyés chez leurs
parens, de se mêler en aucune manière aux discussions politiques ou aux troubles quelconques qui
pourraient survenir au spectacle ou dans d'autres
lieux publics. On assure que plusieurs maisons res-
pectables de Nantes ont pris une semblable détermination; il serait à désirer qu'elle fût imitée dans
toutes les villes de commerce. Quelles que soient les
opinions qui la divisent, la France ne veut sans
doute point que ses destinées soient réglées sur le
banc des Écoles ou au parterre des salles de spectacle.

Cette effervescence de la jeunesse, cette disposition
que par-tout elle a montrée à s'associer aux projets
des agitateurs, s'expliquent facilement par les nombreux appels que l'on n'a cessé de lui faire pendant
plusieurs mois; son nom a été placé au premier
rang dans les pamphlets, les journaux et les écrits

de toute nature ; elle y a été représentée, non pas
comme l'espoir, mais comme la gardienne de nos
constitutions ; ses vœux et son opinion ont été opposés
aux vœux et à l'opinion des pouvoirs de l'Etat ; on a
invoqué ses lumières, sa sagesse même ; et le délire
de la flatterie est allé jusqu'à la saluer du nom de
venerable. Entourée de tant d'adulations, la jeunesse
a dû croire à sa toute-puissance, et l'on ne doit pas
s'étonner qu'elle ait saisi la première occasion de
l'exercer.

Tel est le récit exact des faits qui, dans les départemens, ont accompagné ou suivi les événemens de
Paris. Le public peut actuellement apprécier les
bruits que l'on n'a cessé de répandre depuis cette
époque ; il doit voir, dans la généralité et l'exagération
des nouvelles de troubles et d'insurrections qu'on a
voulu accréditer, la mesure des tentatives et des
espérances de la malveillance ; les résultats heureusement ont été loin d'y répondre. La France aujour-
d'hui jouit d'une tranquillité parfaite, et la force
des lois s'est accrue du triomphe que par-tout elles
ont obtenu sur les mouvemens populaires.

F I N.